파도가 손 닿는 곳에
다시 계절을 그리고

전윤재 시집

『파도가 손 닿는 곳에 다시 계절을 그리고』

시인의 말 9

1부
남겨지고 흘러갈 이 시간을 믿으며

어린 어른 13   어른이 되어감을 알 때 14

어른이 된 줄 알았는데 16   그런 줄 알았는데 18

괜찮다는 말보다 20   사고 22   멈춰있는 병 24

대단히 우아한 세상에서 감히 춤을 추고 26

친구? 28   용서란 무엇일까 30

너의 숨만큼만 32   그대, 내가 있으리 34

사막 속 눈물이 되어 36   그저 버티고 이겨내는 것 38

오늘을 사랑하자 40   행복해질 거야 우린 42

이 여행을 끝내지 않는 건 43

2부
함부로 눈을 감고 설레지 않는

내 사랑의 반을 닮아 47　사랑만큼은, 사랑한 만큼 48

리시안셔스 52　너를 위한 이 기도가 53

사소하게 사랑하는 것 54　새벽 55

첫눈에 반해버렸다 56　나는 수없이 상상해봤어 57

눈물을 줍는다 58　멀어질게 60

최선의 해석 61　사랑이란 단어가 역겨워서 62

내가 더 행복할게 64　오랜만에 꿈에 나와서 66

헤어짐의 슬픔 뒤로 풍부한 사랑이 함께하기를 68

부재중 전화 70　오랜만이야 72

이별을 받아들였다 74　사랑이란 76

3부
파도가 손 닿는 곳에 다시 계절을 그리고

머무름에 감사하고 81   바다와 함께 기꺼이 82

걸음과 날갯짓 84   이 바다를 믿어 85

바다를 그리다 86   바다를 닮아버린 눈물 88

지금처럼만 빛나는 거야 90   낭만과 빛이란 92

곁에 있는 어둠을 두고, 하늘에 비친 노을을 놓을 때 94

가을이 오면 96   휘파람 97

나의 바람아, 지금 나에게 98   겨울의 눈처럼 100

냉이꽃 한 송이 102   온 세상을 너와 함께 104

4부
잠깐 불러준 노래 한 소절에

너의 노래가 109   눈을 뜨면 110   누구에게, 나에게 111

그 노래 112   노래해 줘서 고마워 113

잠깐 불러준 노래 한 소절에 114   점점 느리게 116

어른들에게 118   술 기울인 밤 119

취하기 전에, 눈 딱 감고 120   그림자 121

회상 122   밤에 잠이 안 올 때 124

정말 잘 견뎠고, 잘 버텼고 126   졸업 127

시인의 말

결국엔, 어차피 떠나가고
멀어질 수밖에 없었던 관계도

변함없이 흘러가는 이 시간의 흐름을 타고
조금씩 무뎌져 가고 있음을 알게 해준 그 마음들.

사랑 끝에 묻어있는 이별의 흔적을 뒤로하고
진정한 사랑의 모습을 담게 해준 그 용기와 다짐들.

많은 것들이 지난 뒤에 남아있는 건
나를 위해 오로지 그 자리 그대로 있어주는
내 사람들이라는 것을 깨닫게 해준 그 나날들.

그리고 수없이 밀려오는 아름다운 파도의 향연 속에서

지금 있는 모습 그대로 이 세상을 바라보게 될
그 어느 날을 위해 써 내려간 문장들.

전윤재

1부
남겨지고 흘러갈 이 시간을 믿으며

그때의 나를 위로하고 품어줄 수 있을 정도로
지금의 내가 한 뼘 더 성장했음을 깨달았을 때

지치고 힘든 순간이 와도
언젠가의 내가 지금의 나를 위로해 줄 것을 믿고

내가 또 다른 이에게
한 줌의 위로를 건넬 수 있음을 알기에

남겨지고 흘러갈 이 시간을 믿으며,
그리고 나의 마음이 언제나 변함없이
무너지지 않고 흔들리지 않기를 바라며

어린 어른

무언가를 꿈꾸고
또 무언가를 기대하며

수염을 그리던 어린 아이는
이제 그 수염을 지우려 애쓰고 있고

눈물을 그리던 아이는
그 눈물의 흔적 따라 흘러간 상처에 아파하는구나

현실을 살아갈수록
점점 더 좌절하고 있는 나는

알 수 없던 수염과 눈물을 그리워하던
그때의 나에게 무엇을 말해줄 수 있을까

어른이 되어감을 알 때

아무것도 몰랐던
순수했을 때가 그립다

그때는 내 상상력만으로
또 하나의 세상을 만들곤 했었는데

조금씩 그 상상력에 물음표를 달고
이 세상을 궁금해 했더니

내 상상력이 점점 가난해지는 것을 느꼈다

어린 마음의 가난인 건지
어른이 된 내가 낳은 건지

그럴 수 있지,
그러려니 하며
현실에 고개를 끄덕이려 해도

현실과 내 생각의 간극에
그럴 수 있다는 말로도 채울 수 없는
어느 틈이 생기고

내 마음 안에
그럴 수밖에 없는
어느 이유가 생길 때

그리고 그 틈을
무언가로 채워야 함을 깨달았을 때

우리는 순수했던 아이를 지나서
각자의 세상을 쌓아가는 어른이 되어간다

어른이 된 줄 알았는데

현실이 너무나 깊어 빠질 수 없는
그 기분을 알아서
이렇게 누구보다 격하게 외로워 하는 건가

무엇을 위해 살아가는가
이 물음 한 마디에 마침표를 찍을 수 없어서
그저 천천히 조심히 가고 싶은 그 마음을 알아서일까

평생이라는 단어가 두려웠는데
어느새 내 눈앞으로 가까워지고

소리 내서 엉엉 우는 게 다인 줄 알았는데
우는 소리가 크다고 더 아픈 게 아니더라

어둠을 좋아하지만
갑자기 꺼진 불은 여전히 무섭고

열심히만 살아도 잘 안 되는 게 태반이며

그래도 시간이 지남에 따라
듬직한 어른이 되어가는 줄 알았는데

그 시간은 너무나 빨라서
나는 여전히 어설픈 게 많은 아이로 남아있더라

그런 줄 알았는데

나도 어릴 땐 참 괜찮았는데

모든 이들의 사랑을 받으며
하루가 지나감을 아쉬워하고
내일이 다가옴을 기대했는데

그땐 참 좋았는데

내가 좋아하는 사람들을 보며
그들과 함께 아침을 여는 것이
매일 밤, 눈을 감을 수 있었던 이유였는데

그랬었는데

나와 함께 다시 여행에서 만나고 싶다던
그 사람들의 반가운 인사말과

많은 사람들이 내가 지금껏 살아온
그 아픈 나날들을 위로해 주었는데

그래서
참 괜찮은 청년이 될 줄 알았는데

그때 얻은 웃음을
이제는 쉽게 잃어버리고

사람들의 시선과 속삭임 속에서
하루를 맞이하는 것이 두려워졌구나

오늘이 마지막이 되기를 바라왔구나

나도 어릴 땐 참 괜찮았는데
그땐 참 좋았는데
정말 그랬었는데

그래서
참 괜찮은 어른이 된 줄 알았는데

달라진 건 아무것도 없네

괜찮다는 말보다

괜찮아

누군가의 안부 인사에
나도 모르는 사이
괜찮다고 말하는 것은

괜찮다는 말이 주는 위로여서일까, 아니면
나의 무언가가 드러나는 것이 두려워서일까

그것도 아니라면
괜찮다는 말밖에 할 수 없을 정도로
내가 괜찮지 않아서일까

아무렇지 않은 척
괜찮은 척 사는 것이
살아가는 과정의 정답인 줄 알았는데

가끔은 그 괜찮다는 말보다
그저 시간이 필요할 때가 더 많더라

나에게 괜찮아 보인다는 말보다
괜찮지 않아 보인다고 말해주는 사람에게
더 안기고 싶고

나의 깊은 곳을 모르는 척해주는 사람도 좋지만
가끔은 나도 모르는 내 마음의 틈을 비집고
나에게 솔직하게 말해주는 사람이

더 감사하더라

사고

이 세상 제일 평등한 건
사고라고 했다

그래서 나도 지금
사고를 당했나보다

어디 누구 없나
작은 말 한마디면 되는데
괜찮냐는 안부 인사면 되는데

그 정도면
나 다시 살아날 수 있을 것 같은데

끊임없이 남들과 비교하고
미워하는 마음에 집중하다 보니

내 삶을 걸어가는 길 위에서
당연한 사고를 당했나보다

그랬나보다

나 많이 지쳤나보다

이번에는 작은 돌에 넘어진 게 아니라
정말 큰 사고를 당했나보다

아픈 상태로 잠시 쉬고 싶다

눈을 감고 싶다

깊은 잠에 빠지고 싶다

그러고 싶다

사실 그러고 싶지 않은데

그래야겠다

멈춰있는 병

사람들의 속삭임이 무서워
많은 것을 망설이고 있었구나

어릴 때는 행복이 별거 아니었는데
지금은 행복이 뭐라고
뭐가 그렇게 크고 대단하길래
많은 것이 지겨워졌을까

함부로 감사함을 바라지 않았던 겸손함도
어릴 때는 그저 착해서 좋다는 말도

어른이 되어서는 뻔뻔하게 고개를 들어 끄덕이고
적당히 나빠야 한다는 비웃음으로 인해
꼬여져 버린 나의 상처 때문에

사람들의 속삭임에
또다시 많은 것을 망설이고 있었구나

싫어한다는 말을 싫어했었는데

이제는 내가 싫어하는 세상에게

다시 또 힘을 내어 싫어한다고
소리쳐야 하는 하루를 보냈구나

그래, 병에 걸렸나 보다

대단히 우아한 세상에서 감히 춤을 추고

우아함 속에서 장난을 치고 싶은
그저 어린아이일 뿐인데

왜 세상에서 흘러나오는
사람들의 목소리에는

우아함도, 장난도, 작은 진심도 없이
가벼운 발걸음조차 내디딜 수 없는 걸까

길을 걷다가 음악이 나오면 춤을 추고
그렇게 걸음을 옮기며

하루 지나 인생을 살아가고 싶은
그저 어린 어른일 뿐인데

왜 아직도 세상에서 흘러나오는
소리를 어색해하고 무서워할까

파도 소리와 그 속에 머금은 나의 한숨이
여전히 이 세상에게는 작은 몸부림에 불과할까

내 세상에서는 내 소리만이 가득해서
언제든지 춤을 추고 노래를 부를 수 있는데 말이다

그래서 나는 오늘도 내 세상과 가까워지기 위해

누구보다 행복한 표정으로
내가 좋아하는 노래를 들으며

참으로 대단히 우아한 이 세상 가운데에서
감히 새삼 유치한 장난을 쳐야겠다

친구?

같이 있으면 더욱이 혼자 있고 싶어지는
그런 사람이 친구라는 이름으로 둔갑하여

내 옆에 쉽게 있는 것이라면
그래서 어차피 멀어질 사이라면

두려움에 가까워진 친구는 아닌지
되새길 필요를 느끼는 요즈음이다

남들이 어떻게 생각하든
그것은 하나의 길로 이어지지 않으며
또 나와 전혀 상관없는 일이지만

이제 정말 다른 길을 가는 것이
실감이 나지 않고

그나마 같이 있었던 시간에
괜한 미련이 남아서
멀어지는 것을 망설이고 있음을 체감할 때

그때 이미 누군가는

가끔은 내가 먼저
열심히 멀어지려 애쓰고 있음을

그리고 결국엔
그렇게 자연스레 지나가고 멀어진다는 것을

다행히 더 가까워지기 전에 알게 되었다

용서란 무엇일까

누군가를 용서한다는 건
그동안 나에게 가했던 수많은 상처들이
시간이 지나 아물어지고 기억에서 무뎌져서
그래서 가능한 것일까

남을 미워하는 마음이
가장 힘들고 무거운 짐이라고 했다

하지만 그 무거운 짐을 내려놓아도
몸과 마음에는 그 짐들에 눌린 자국들이 남아있는데

아무 이유 없이 내게 날카로워지는 것들을 보며
내가 굳이 날카로움에 다가갈 이유가 분명 없음에도

도대체 얼마나 많은 시간을 버텨야
그렇게 용서할 수 있는 마음을 지닐 수 있는 걸까

세상을 살아가다
용서도 해볼 수 있다는
푸르른 마음의 가사처럼

만약 정말 용서할 수 있는
그런 넓은 마음을 지니는 것이
세상의 이치라면
내가 아직 많이 어리고 어설픈 탓이고

내가 생각하는 그 어른의 시간에 닿았을 때조차
굳이 내게 날카로워지는 것들을 용서할 이유가 없다면

내가 지금 멀리하는 것이
모두를 용서하지 않고 멀어지는 것이
그리고 그렇게 견디고 버티는 것이

옳은 것이라 믿고 싶다

적어도 내가
그런 이들을 멀리한 것을 후회하지 않으면 좋겠다

너의 숨만큼만

삶이라는 곳이, 삶이라는 것이
충분히 위로받아 마땅함을 알기에

내뱉을 수 있는 한숨만큼만 버티고
내뱉을 수 있는 한 마디만큼만
후회하고 아쉬워할 수 있기를

수많은 걱정들이
우리를 스쳐가도

수많은 미련들이
헤어짐의 슬픔 뒤로
하염없는 그리움을 드리워도

나를 힘들게 하는
이 많은 것들은

언젠가 시간과 함께
사무치게 흩날릴 거라
너도 그렇게 살아갈 거라

소중했던 추억들이
이제는 잊어야 하는 조각들로 깨져버리고

따뜻함보다
눈물을 삼켜내며 살아갔던

너의 그 상처들이
아스라이 스쳐 갈 수 있도록

너 자신에게서조차
솔직해지지 못하는 날이 오면

너가 너를 믿지 못할 때조차
내가 너를 믿어줄게
너와 함께 살아 숨 쉬어줄게

더 괜찮아질 때까지

무조건 괜찮아질 때까지

그대, 내가 있으리

단 한 번의 흔들림에
다음번에 피어날 기회까지 놓치고
쉽게 무너지는 나무가 어디 있으랴

단 하나의 위로와 시간으로
쉽게 무뎌지는 아픔은 또 어디 있으랴

삶의 방향과 사랑의 정의를 두고
깊게 파여버린 여러 모양의 슬픔 속에서

그저 흔들리고 무너짐을 택하는 것보다
더 미련한 것이 또 어디 있으랴

잠시 스쳐 지나가는 가시 같은 상처에 더하여
스스로가 더 깊게 상처를 낼 이유가 없음에도

그 상처를 어루만지기보다는
그저 눈물로 채워가야 하는
그 하루하루의 외로움보다 더한 슬픔이 또 어디 있으랴

사람들의 시선과 속삭임 속에서
많이 아파하며 늙어가는 마음 때문에

앞으로 나아가지 못한 채
여러 순간에 머물러
열심히 도망가고 있는
그대 혼자만의 아픔이

어느 날 다시 피어날 수 있다는 용기와 기적으로
수많은 시간을 버텨내고 견디다
열심히 돌아오고 있을 때

그때가 오면
그대가 돌아오는
그 자리에
내가 있으리

당신을 위해
그때, 그곳에 내가 있으리

사막 속 눈물이 되어

마음 놓고 고개를 숙일 수 있게
눈이 부시도록 비춰줄 그 누구 없나

행복아, 오고는 있니
오고 있다면 조금만 빨리 와주라

눈물이 맺혀 앞이 흐려지기 전에
너를 한 번이라도 보고 싶구나

눈물이 땅에 떨어질 때쯤이면
이 흐릿함은 사라지겠지

하지만 그때가 되면
하염없이 고개를 떨구며

눈물의 흔적이 땅에 스며드는
그 외로운 사막만을 바라볼 뿐일 거야

내가 나의 눈물이 되어 흐를 수만 있다면

내 마음속 깊은 곳을

상처로 갈라진 길을 따라
조금은 더 따뜻하게 흘려보낼 텐데

그저 버티고 이겨내는 것

사랑을 비우니
마음은 편한 것 같으면서도
이제는 공허함이 또 남아있고

참 사랑도 인생도
항상 그래왔듯이

내가 바라는 대로 흘러가지는 않은가 보다

아무것도 하지 않는다면
아무 일도 일어나지 않겠지만

그렇게 살아간다면 무슨 의미가 있을까
그 끝에는 무엇이 남아있을까

내가 눈물이 많은 건
내 마음의 그릇이 작아서
너무 많은 것을 담지 못해서일까

그래서 내가 감히
너의 눈물을 닦아줄 용기가 없었던 것일까

무너지지 않고 이 세상 모든 그리움을 견디다
다시 만난 우리의 모습이
그때보다 더 아름답기를 바라면서도

이 수많은 그리움을 품기엔 내가 너무 작아서
너무 깊게 두려워하고 있는 것은 아닐까

그리 간단하지만은 않은 이 세상

우리가 살아가는 이 세상은

지나가는 것도
쉽게 흘러가는 것도 아닌

그저 버티고 이겨내는 것인가 보다

오늘을 사랑하자

한참을 거닐었다

나는 그 순간에 머물고
그 기억으로 평생을 살았는데
그 사랑으로 하루를 버텼는데

결국 그 무엇도 부질없음을 깨닫고
시간이 지나고 보니
진짜 별거 아니었다는 것을
절실히 깨닫고 나서야

잠시 한참을 거닐었다

그러다 결국 방향을 잃고
다시 제자리에 머물게 되었다

어제의 기억에 사로잡히지 말걸
그만 후회하고 그만 붙잡혀 있을걸

너무 움츠리지도
자책하지도, 작아지지도 말고

걸어왔던 발자국을
되돌아가지도, 뒤돌아보지도 말고
시선조차 두지 말걸

그래, 이제 그만 생각해야지

되돌아오기엔 너무 멀고 후회되고 힘드니
너무 큰 미래를 바라보지도 말아야지

이런 날이 있으면 저런 날도 있는 거고
그렇게 또 어떤 날에는 그런 날이 사무치게 그리울 거라

너무 많은 것을 아직까지 후회하지 말고
너무 멀리 있는 것을 미리 불안해하고 두려워하지 말고

무엇보다, 오늘만을 살아가야지

행복해질 거야 우린

남을 미워하는 마음 내려놓고
나를 짓눌렀던 그 마음 다 내려놓고

가시 같은 상처가 바늘로 찢어도
그렇게 내 마음이 흔들리고 반으로 찢겨도

살아가는 과정에
의미 없는 시련은 없음을 잊지 않기를

이 또한 어느 날의 내가
또 다른 무언가를 깨달을 때까지

내 곁을 맴돌고
그렇게 지나갈 것임을 잊지 않기를

기꺼이 남겨진 힘으로 다시
틀림없이 행복해질 수 있으며
사랑받을 수 있음을 잊지 않기를

그럴 수 있기를

이 여행을 끝내지 않는 건

감당할 수 없을 정도의 슬픔을 애써 흘려보내고
막연한 걱정과 두려움만이 가득했던 밤을 지나서

이 여행을 끝내지 않는 건
매일의 나날들에 위로를 얻어서이지 않을까

너무나 좋은 사람들을 만나
아무 생각 없이 웃고 떠들기도 하고

물론 가끔은 그 속에서조차 외로움을 느끼기도 했지만

그럼에도 이 여행을 끝내지 않은 건
그때의 나를 위로해 줄 수 있을 만큼
지금의 내가 한 뼘 더 성장했음을 깨달아서이지 않을까

끝내 흐르지 못한 채 굳어버린 누군가의 눈물도
그 눈물의 흔적 따라 걸어간 곳에서조차, 결국엔

수많은 위로와 감사함을 안고
언제나 변함없이 흘러가는 이 시간을 믿으며

2부

함부로 눈을 감고 설레지 않는

사랑의 정의를 두고
깊게 파여버린 헤어짐의 슬픔 속에서

지난날을 미워하고
사랑을 역겨워하기보다는

다시 누군가를 사랑하기로 선택한
당신의 그 아름다운 용기와 다짐을 위하여,

그리고 무엇보다

아직 지난 사랑과 이별이
어제의 기억으로 남아있음에도

애써 아무렇지 않은 척 살아가고 있을
그대 혼자만의 아픔을 위하여

내 사랑의 반을 닮아

나의 사랑을
너에게 남겨두고 떠나고자 하니

그대는 부디 다른 이를 사랑할 때
내 사랑의 반을 닮아
그 사람을 열렬히 사랑하기를

그리고 내 남은 사랑의 반을 닮아
그렇게 사랑하다 버림받기를

그러다 사랑이 무뎌지고 외로운 어느 날에
내가 너에게 사랑을 남기러
다시 다가갈 테니

그때는 부디 내 사랑의 반을 닮아
다가오는 그 사람을 열렬히 사랑해 주기를

사랑만큼은, 사랑한 만큼

부끄럽게도 사랑에 대해 몇 글자 끄적여 보려고 하니 그 사랑의 그리움을 담아줄 누군가가 떠오르지 않았다. 글을 쓰며 마주하는 그 우연 같은 사랑이 혹여나 그리우면서도 반갑지 않을까 봐, 나 혼자만의 그리움으로 남아있을까 봐, 그리고 더 외로워질까 봐. 그래서 오히려 더 조심스럽고 망설여지는 것 같다.

앞의 시는 내가 어린 시절, 어떤 누구를 그토록 마음에 두고 얼마나 진심이었는지 기억조차 나지 않았을 때 썼던 시이다. 어쩌면 열아홉과 스물의 경계, 그 사이에서 흘러나온 사랑이었을지도 모른다. 몇 년이 지난 지금 이 시를 읽고 있는 오늘의 나조차도 사랑을 제대로 알지 못하는데, 그때의 나는 얼마나 어리숙했을지 가늠조차 되지 않는다.

하지만 그럼에도 불구하고 내 마음 한켠에 자리 잡은 그 사랑이란 단어의 의미는 언제나 변함없이 거대한 감정을 가지고 있다. 우정을 반으로 나누면 정이라도 남지만 사랑은 반으로 나뉘는 순간 그 의미가 사라져 버린다. 그렇기에 오히려 더 간절하게 그 사랑의 반을 닮아 이별과 재회의 기적을 말한 것일지도 모른다.

떨어지는 낙엽 속에서도 그 순간을 간직하고자 기억을 남기고, 스쳐 지나가는 바람에도 낭만을 느끼고자 눈을 감던 어린 시절, 그리고 지금의 나는 또 어떤 순간과 바람에 몸을 맡기고 살아가는가? 지금 생각해보면, 그 모든 시간의 중심이 되는 것은 언제나 사랑이었다.

누군가의 인생에서 모든 기준의 예외가 되는 것이 사랑이라는 말을 들은 적이 있다. 누군가를 보면 객관성을 상실하고, 그 사람을 따라 좋아하는 계절이 바뀌며, 반복되는 하루 속에서, 어떤 표정을 지어야 할지 애매한 모든 순간에 그 사람을 떠올리면 언제나 웃음으로 이어지는 기적이 바로 사랑이라는 것이다.

이 글을 읽는 이들에게 한 가지 물음표를 던져보고자 한다. '사랑이란 무엇인가?' 많은 이들이 사랑이 무엇이냐는 질문에 쉽사리 마침표를 찍을 수는 없다고 생각한다. 사랑은 정해진 게 아니니까. 수학 문제처럼

뚝딱해서 나오는 정해진 값이 아니라, 기다리고 또 기다려야 하는 시간이 바로 사랑이기에 함부로 정언할 수 없을 것이다.

한때 나에게 사랑이란 '우연 같은 필연'이었다. 그저 평범한 나의 하루에 아름다운 침범을 해버린 그 누군가를 경계할 때는 언제고, 어느 순간부터 그 사람으로 하루를 기억하고 내일을 기대하는 것이 사랑이라고 생각했다.

물론 가시 같은 사랑에 스쳐 상처가 나기도 하겠지만, 치열하게 살아가는 현실 속에서 믿을 수 없는 기다림으로 다시 만나게 되는 그런 동화 같은 우연이 마침내 필연으로 귀결되는 순간, 우리는 그것을 사랑이라 말할 수 있지 않을까. 나는 그것을 사랑이라 믿어왔다.

어느덧 시간이 흘러 드디어 나는 사랑과 이별을 겪은 또 한 명의 어른이 되었다. 하지만 여전히 사랑은 참 어려운 것 같다. 그리고 오히려 헤어짐의 슬픔이 어쩌면 사랑보다 더 큰 물음표를 지니고 있는 것만 같다.

그러나, 그럼에도 낭만이 사라진 이 삭막한 현실 속에서 걸음을 이어갈 수 있는 이유는 바로 '사랑'이라 믿고 싶다. 그렇기에 나의 사랑만큼은, 그리고 당신의 사랑만큼은, 더도 말고 덜도 말고 딱 우리가 사랑한 만큼의 무언가로 채워지기를 바란다.

'사랑이란 무엇인가?' 내 사랑의 반을 닮는 것? 우연 같은 필연? 지금부터 진정한 사랑의 정의에 대해 함께 탐구해보도록 하자.

리시안셔스

겨울 지나 봄이 와도
그 자리에 머물러 나를 반겨줄 꽃

그리고 사랑을 넘어
서로의 하루를 채워가는 설렘으로

이 겨울 지나 맞이할 봄을 바라보며
너와 내 시선 마주할 밤을 기대하며

너를 위한 이 기도가

내가 늘 품어왔던,
언제나 나의 무언가를 위해 눈을 감고 손을 모았던
그 간절하고 이기적인 기도에 마지막 한 문장을 더하여

부디 내 사람에게 좋은 일만 있게 해달라고
만약 그럴 수 없다면
부디 아무 일도 일어나지 않게 해달라고

그렇게 기도를 마친 후 눈을 떴을 때

희미하게 밝아온 내 세상에서는
끝내 흐르고 말라버린 눈물 끝에
너가 웃음 짓고 많은 것들을 품고 있기를

사소하게 사랑하는 것

불안에 빠지고 벗어나는 것의 반복 속에서
그 관계를 다행이라고 말하는 만남은

그리 건강한 사이가 아님을
왜 이제야 알게 되었을까

작은 것 하나하나에
감정과 생각이 아파지는 것 말고

서로가 차마 기억하지 못했던
그 소중한 하루에 데려다 주며
사소한 것에 관심을 가지고

그것을 서로에게 당당히
사랑이라 말할 수 있는 사람을 만나며
나도 누군가에게 그런 사람이 되는 것

그런 맑고 따뜻한 사랑이
내가 알고 싶은 사랑의 모습이었다

새벽

서로에게 사랑을 속삭이던 거울이었는데

이제는 불러도 아무 대답 없는 벽이 되어버려

첫눈에 반해버렸다

너를 첫눈으로 보는 게 나의 오랜 꿈이었는데
너와 첫눈을 보는 것이 나의 올해 꿈이었는데

겨울이 오고 그렇게 첫눈에는 반해버렸지만
너는 어쩌다 차가운 얼음으로 변해버렸으며

우리 다가올 봄에 손 꼭 잡고
같이 예쁜 꽃 보러 가자는 약속이
나에게는 정말 소중한 다음의 계절이었는데

결국 그 얼음은 녹지 못한 채
여전히 겨울로 남아있구나

그렇게 우리는
봄이 오고
시들어버렸구나

나는 수없이 상상해봤어

상상해봤니

너가 나를 사랑한다는 착각으로 나를 속였던 그날도
내 사랑의 반을 닮아 나만을 사랑해달라던
그 이기적인 바람도

눈이 녹는 그날, 꽃이 피는 그날, 스무 살의 어느 날에
우리 다시 만나자던 어린 날의 순결한 약속도

각자의 일기장 속 묻어뒀던 보통의 하루들에
서로 하나를 보태어 내일을 약속했던 우리였는데

변치 않는 사랑을 약속했지만
그 다짐은 점점 힘을 잃어가고

그렇게 시간이 흘러 사계를 지나
결국에 남겨진 것은 이별이었음을

너는 상상해봤니

눈물을 줍는다

이 밤이 이렇게 긴데

어제와 오늘,
그 아름다운 틈새 사이로
빈틈없는 사랑을 채워준 너

널 품은 날
세상을 다 가진 것 같은 기분으로 매일을 살았는데

내가 그때 얼마나 행복했는지 아니

그저 평범했던 추억이 아니라
작고 소중한 일상 가운데 너라는 사람을 만나서

온 밤을 걷고
온 바람을 지나

수많은 매일을 천천히 적셔 갔단다

너는 나의 전부가 되고 나서야
내게 산으로 밀려와
깊은 바다로 이어지니

자연보다 더 큰 감정으로
내가 감당할 수 없는 행복과 슬픔을 선사하는구나

인연처럼 다쳐버린 가슴을 붙잡고
인연처럼 닫혀버린 그 빈틈 사이로

아직 오지 않은 눈물을 줍는다

이 꿈의 여운이 가시기 전에
그때의 내가 더 아파하지 않게

너로 인해 떨어진 눈물을 미리 주워
지금 내가 다 가져가고 짊어질 테니

어린 나의 뒷모습은
지금의 나보다 덜 사랑하고 덜 상처 받기를

멀어질게

너와의 하루하루를 부정하며 지워가는 것이
내가 걸어왔던 길을 다시 돌아가고
언제나 나를 잡아주던 너의 손을 놓는 것이지만

뻔한 위로와 말들이 이제는 더 어색해지고
나는 더 이상 너에게 아무런 힘도 줄 수가 없어서

결국엔 너를 삼키지 못한 채
머무르는 눈물 한 방울에
내 모습을 비춰 너에게 이별을 말한다

너와 함께한 날들이
그 마음과 그 사랑이 사라질 수 있을 만큼만
다른 이를 사랑해볼게, 그렇게 살아가볼게

언제까지 멀어질지는 모르겠지만

너에게 다시 가까워질 수 있을 거라는
괜한 욕심을 다짐했을 때의 그 힘만큼 멀어질게

최선의 해석

날이 갈수록 주변에는

사랑보다 이별이 더 밝아오고

우리는 그 빛에 눈이 멀어

익숙함의 소중함을 잃어버렸나보다

그래, 내가 다 부족해서겠지

마음의 문제라던 너의 그 마음도

내가 다 부족해서 그런 거야

더 좋은 사람이었다면, 떠나지 않았을 텐데 말이야

그래 맞아

이게 내 최선의 해석이었어

사랑이란 단어가 역겨워서

사랑을 알기 전에 나는
설렘의 환상을 가지고 있었는데

어쩌다 사랑을 하고
헤어짐의 슬픔을 알고 나서는

이제 함부로 눈을 감고 설레지 않으며
사랑을 쉽게 말하지 않을 거라 다짐한다

내가 온 진심을 다했던 그 사람이
나를 사랑하지 않고 있음을 느꼈을 때

그 사람의 세상에서
내가 아무 의미 없음을 깨달았을 때

마침내 사랑이란 단어가 역겨워졌다

다른 이를 만날 때도 똑같은 흐름이라면
그때는 정말 돌이킬 수 없을 정도로
사랑을 혐오할 것 같아서

내 마음을 비우고
새로운 것을 받아들일 수 있을 때까지
그때까지만 사랑을 잠시 역겨워해야겠다

여러 색깔로 존재하는 사랑의 모습을
지금 내가 까맣게 잊더라도
언젠가는 나에게 빛을 주는 사람이 나타나겠지

눈물이 떨어진 자국 사이로
번져가는 길을 따라 걸어가다가

혼자 걷는 길이 무뎌질 때가 오면

그때가 오면
그저 있는 모습 그대로
나를 사랑해주는 사람과 사랑하고 싶다

그런 사람과 사랑하고 싶다

사랑하고 싶다

내가 더 행복할게

보이지 않는 너를 그리워하고
그려지지 않는 너를 애써 그리워하다가

이제는 그 생각에 마침표를 찍고자
이렇게 깊은 밤을 거울삼아 오늘도 두 손을 모아 본다

그래

이제 내가 겪은 시간만큼
제발 너도
더도 말고 덜도 말고
아니, 나보다 더
내가 아프고 후회했던 정도를 넘어서
완전히 무너지면 좋겠다

다시 일어날 수 없을 정도로
고통스러워하고
행복보다는 불행에 가까워지고
그렇게 수많은 시간을 상처와 함께 보내다가
나처럼 소리 내서 울었으면 좋겠고

그리고 만약에 다른 사람을 만나다가
그 사람이 너를 떠나고 네가 힘들어한다면

네가 나에게 그랬던 것처럼
네가 가장 힘들고 불안할 때
그 사람이 너를 잔인하게 버려버리기를

간절히 기도할게

그리고 내가 너보다
먼저 행복하지 않을 수는 있어도

무엇이 되었든 간에 언제나
내가 더 많은 시간을 행복과 함께할 테니

너는 사랑과 행복이라는 기적에
감히 시선조차 두지 않기를

간절히 기도할게

오랜만에 꿈에 나와서

오늘 오랜만에
꿈에 나타났더라

정말 해맑은 미소로 뒤돌아서
나를 보며 환하게 웃어주더라

이제는 너가 꿈에 나타났다는 이유로
다시 또 아파하며 일어나고
그 꿈을 원망하기보다는

잊고 있었던 너의 웃음을 보여준
그 꿈에게 감사하기에 이르기까지

너가 나타나도 아무렇지 않을 만큼
나를 잘 이끌어와 준
이 시간에게 감사하기에 이르기까지

참 많은 그리움과 아픔을 흘려보냈어

꿈속에서 너는
이제는 점점 더

나의 오래된 기억과는
다른 모습을 한 채, 행복해 보이더라

그래서 또 괜히 더
바보 같은 기대와 후회를 하게 만들더라

그래도 오늘 오랜만에 꿈에 나온 김에

"너는 누군가와 다시 사랑할 수 있어"

내가 사랑이라는 것을 다시 다짐할 수 있는
용기라도 주고 사라지지

나 자신을 너무 원망하지 않을 정도의
그런 미련만 남기고 떠나지

이럴 기면
사랑할 틈도 주지 말지

헤어짐의 슬픔 뒤로 풍부한 사랑이 함께하기를

이 가을에
다가오는 가을에

한없이 초라해진 저 계절의 낙엽은
어떤 마음에 또 고개를 숙였나

견딜 힘조차 없이
그렇게 무너져버린 건가

모든 것을 견딜 거라던 그 아름다운 용기도
조금씩 느려지고 희미해져가고

아무리 울고 싶어도
눈물이 나지 않던 내가

그런 내가
너를 잃고 나서야

감히 감당할 수 없을 정도로
눈물이 나더라

너가 내 세상이었나 보다
너가 내 생명이었나 보다

그래서 이 겨울에
다시 피어나는 봄날에

사랑에 버림받아 주저앉은 저 낙엽 사이로
또다시 수줍게 손을 내미는 저 바람 사이로

푸르른 하늘이 온 마음을 다해 우리를 비추니

사랑을 버린 이들도
사랑에 버림받은 이들도

헤어짐의 슬픔을 넘어
더 풍부한 사랑의 감정을 담아
언젠가는 다시 누군가를 진심으로 사랑해버리기를

또한, 무엇보다
나도 누군가에게 지금 모습 그대로 사랑받기를

부재중 전화

내가 미처 받지 못했던
그 전화 속 너의 목소리는

떨렸을까

내가 볼 수 있는 것은
그저 부재중 전화로 남아있는
너의 이름뿐이라

너의 안부를
쉽게 묻지 못하는 거야

그래서 말인데

내가 미처 받지 못했던
그 전화 속 너의 목소리는

과연 떨렸을까

내가 기억하는 너의 모습은
이제는 아련하게 사라지고 있는

그 뒷모습뿐이라

너를 향한 내 감정을
쉽게 묻지 못하는 거야

이 세상에 존재하는 헤어짐의 이유는
여러 모습을 띠고 있겠지만

결국엔 모든 것이 마음의 문제로 귀결되기에

그래서 돌아오지 않는 목소리를 붙잡지 못하고

너를 묻지 못하는 거야

오랜만이야

사실 수 없이 상상해봤어
너를 우연이라도 마주칠
이 순간을 말이야

어렴풋한 기억조차 남아있지 않을 정도로
너무 오랜만이라

눈을 어디에 두고
어디로 걸음을 옮겨야 할지도
참 막막했지만

하필이면 그때

내 눈물이 애석하게도 너무 빨리 말라버려서
너에게 내 감정을 감출 수밖에 없었지

너무 오랜만이라

우리는 정말 이 세상에서 피고 지는
수많은 만남과 이별 중 고작 하나에 불과했구나

너는 결국 마지막의 마지막까지
내게 사랑이란 단어를 건네주지 않는구나

내가 말한 대로 결국 우리는
정말 아무 사이도 아닌 게 되어버렸구나

내 이름은 기억이나 할까
그토록 사랑했던 나를 잊은 것은 아닐까

그래서 잠시 용기를 가지고
애써 고개를 들었을 때는
너는 이미 나와 걸음을 달리하고 있었지

하지만 차마 거기서 더 다가가지는 못하겠더라
너의 손을 잡는 방법을 몰랐거든

너무 오랜만이라

이별을 받아들였다

그렇게 우리의 사랑은 끝을 맺었다

그리고 사랑이 뭐냐는 질문에 대한
우리의 대답은
다시 물음표가 되었다

그리운 너의 미소를 보기 위해
나는 오늘도 그때로 돌아가
그날의 너를 사랑하고

너의 마음을 이해하기 위해
기꺼이 그날 밤으로 돌아가
너와 또다시 이별을 맞이한다

너는 그날 밤 무슨 생각에 잠겼을까
무엇이 너의 그 밤을 더 깊이 잠들게 만들었을까
조금이라도 너를 이해할 수 있는 날이 오기를 바랐다

그러던 어느 날

정말 아무 날도 아니었던

어느 날에 문득

내가 한없이 쏟아 부은 눈물이
흐른 길을 따라 걷고 달리고 다가간 그곳에
너는 여전히 기다리고 있지 않음을 깨달았고

그제서야 비로소
방향을 잃고 방황하던
너를 향한 나의 사랑은

마침내 막을 내렸다

사랑이란

만남과 설렘, 그리고 헤어짐의 슬픔까지

사랑과 행복을 찾기보다는
어차피 떠나가고 사라질 사람을 애써 더 붙잡으려고,
그래서 더 힘들고 아파했던 것 같다

사랑이라는 게 그저 아름답기만 한 줄 알았는데
그 아름다움보다 더 밝게 피어나는 것은 마음이더라

내가 알고 있던 사랑과
내가 알고 싶던 사랑과
내가 알게 된 사랑과
내가 하게 될 사랑의 모습이

언제나 아름답지만은 않음을
받아들이는 그 다짐과 용기가

지금 우리에게 필요한
진정한 사랑의 정의라고 생각한다

무언가가 영원하기를 바라는 것 말고
대신, 이곳에 머물렀음에 감사하는 것

헤어짐의 슬픔을 뒤로하고
기꺼이 변함없이 흘러갈 이 시간을 믿는 것

언제나 사랑을 품고 살아가되
너무 많은 것에 함부로 눈을 감고 설레지 않는 것

이제는 또 다른 누군가를 사랑하기로 선택하고

더 나은 나를 마주하며
더 나은 날을 맞이하는 것

그리고 헤어짐을 아쉬워하기보다는
내 곁에 있는 내 사람들에게 사랑을 베푸는
그런 사랑 가득한 사람이 되는 것

그것이 진정한 사랑 아닐까

3부

파도가 손 닿는 곳에 다시 계절을 그리고

또 다른 세상에서는
너무 많은 것을 미워한 나와
그런 나를 사랑하지 않았던 너와
그럼에도 이 모든 것을 품어준 세상을 뒤로 한 채

작은 것에 감사하며 많은 것을 품을 수 있는
그런 하이얀 마음만 가지고 다시 살아갈 수 있기를,
사랑할 수 있기를

머무름에 감사하고

닮고 싶은 초록을 걸으며
계절들 사이의 밤을 지나
푸르름 속에서 숨을 쉬던
이곳에 머무름에 감사하고

저물어가는 것들을 보며
그 젊음조차 따스히 품어주는
자연 속에 머무름에 감사하고

지금 내가 살아가는 공간의 사람들이
나에게 따가운 시선을 보낼 때조차
나만을 믿어주며 나를 위해 고개를 끄덕여주는
당신과 함께 머무름에 감사하고

나의 가치를 인정해주며
나를 온전히 따뜻한 시선으로 바라봐주고
나에게 더 나아갈 힘을 선사하는
그대를 사랑하고 있음에 감사한다

바다와 함께 기꺼이

어쩌면 시간보다 더 거대한 파도로
더 많은 계절을 스쳐 가고 흩날리는
이 바람 한 점 따라서

작은 파도 하나 없어도 끊임없이
변함없는 물결로 이어지는 저 바다를 따라서

파도도 잠시 이 고요함에 함께하고자
그 모습을 감추고 있었나보다

바다는 그림자도 없이
지치지도 않는 그 몸을 이끌고

새들의 비행을 안내하고
우리의 항해를 비추며

깊게 빠져있는 내 몸도 마음도
그리워하고 드리우며 나타내어주네

희미해지는 수평선을 넘어
이제는 그 어떠한 구분도 존재하지 않고

파도 소리만 가득한 이 고요한 땅 위에
고개를 들어 바라본 이곳 하늘 아래에

어둠으로, 그리고 침묵으로
겸허하게 그 모습을 드러내어

은하수 따라 자연스레 이어지고 펼쳐지는
저 밤하늘의 별들까지

우리는 모두
이 바다의 일부로서 살아가고 있지 않을까

걸음과 날갯짓

오랜만에 바라본 바다의 하늘에는
어둠을 항해하는 새들이 반짝였다

알 수 없는 곳으로
물결을 따라 흘러가는
저 새들의 날개짓은

그동안의 미련도 먼지도 모두 다 털어버리고
어둠에 굴하지 않는 움직임을 보여주는 듯했다

보이지 않는 곳을 항해하는
누군가의 날개짓이

투명한 길을 걸어가는
나의 걸음보다 아름다워 보이는 건
그 날개의 끝이 더 밝아 보이는 건

내가 너무 많은 것을 짊어지려 한 탓일까
너무 먼 곳을 바라보고자 했던 나의 욕심 때문에
다시 돌아갈 힘이 없어서일까

이 바다를 믿어

만들어진 불빛보다 화려하진 않아도
그래서 더 찬란하고 아름다운 이 바다와 별들

결국엔 그렇게
자연스레 피어나는 예쁘고 소중한 마음들이

어색하게 만들어지고 흔들리며 무너지는
사람들의 마음까지

나의 마음과 사랑까지 다 품어줄 것을 믿는다

그 어떤 것도 시간과 함께 흘러가고 지나간 뒤에는
결국엔 아무것도 아니었음을 깨닫고 나서야

수많은 위로와 감사함을 품은 채
오늘도 이 바다를 믿어본다

바람이 남기고 떠난 그림을 이어서
이 계절을 사랑하고 날씨에 솔직해지는 순간까지
이 바다를 믿고 그와 흘러가는 시간을 함께해야지

바다를 그리다

배경처럼 조용히
멈춰있는 삶을 원하던 나에게

바다는 하나의 거대한 자연과 장면으로
내 앞에 펼쳐졌다

바다는 오늘 나를 위해
한 폭의 그림을 그렸다

파도가 손 닿는 곳에
노을을 그리고

시간이 흘러감에 따라
어둠을 칠하고
그러다 보니 별도 조금씩 보이고

그래서 나도
바다가 남긴 이 그림을 이어서
멈춰있던 배경을 넘기고
내일을 펼쳐나갈 것이라 다짐한다

그래, 많이 힘들었지
사람들에 치이고

그 누구도 원치 않을 것만 같던 나를
애써 혼자 사랑하느라 힘도 들었지

관객도 없는 무대 위에서
혼자 웃으려 애쓰느라 힘 많이 들었지

이런 나를 위해 그림을 그려준
이 바다는 몇 사람의 인생을 짊어지고 흘러갈까

울림이 있고 떨림도 함께했다면
그건 꽤나 푸르른 장면이었음을 알기에

나의 힘들고 외로웠던 어느 날들도
너와 함께 푸르른 그림이 될 수 있기를 바라며

바다를 닮아버린 눈물

바다가 내게 남기고 떠난
그 자리 그대로 남아있는 발자국을
내가 다시 채워볼 테니
네가 다시 내게로 다가오기를

추억이란 단어로 아름답게 포장된
너와 나의 아픔도 떠밀려 나기를

그렇게 바다에는
너의 상처와 나의 사랑만이 남아있기를

바다는 오늘도 마르지 않고
여전히 누군가의 사랑과 아픔을 담아 흐르고 있으니

그 파도의 한 마디를 빌리고
또 바다의 한 마디를 빌리자

흐르는 시간을 애써 붙잡고
감히 바다를 닮아버린 나의 눈물이
우리 모든 여름의 마지막처럼
노래를 부를 수 있을 때까지

파도 소리로 시작하는 아침

마음이 가난한 바다에 밤마다 빠져서
허우적대는 나의 하루를
바다에게 잠시 맡기고 흘려보내자

그리고 다시 힘을 내어 바다로 가는 길에
수많은 눈물을 시간과 파도에
그리고 이 바람에 미련 없이 흘려보내자

그러다보면

그저 무미건조하게 살다가
물 한 모금에 갈증을 해소하는
그런 잔잔한 하루를 살아갈 수 있을 거라

지금처럼만 빛나는 거야

우주는 무엇을 위해
아슬하게 이 하늘에
내 세상에 구멍을 내었을까

별 거 없는데
별로 볼 거 없는데

어제와는 다른 모습으로
밤하늘 가득 펼쳐져 있구나

태양과 마주하기 전에
아슬하게 구멍을 낸 우주에게

별 거 없을 것 같던 내 세상도
너에게는 한 줌의 별이었겠구나

그래서 이 눈물도 은하수처럼
아름답게 빛나는 거구나

슬픔보다 더 거대한 감정으로 흘러가도
그 끝에 남아있는 별 하나씩 이어가다 보면

더 나은 날에 다다를 수 있겠지

오늘 밤도 수많은 별이 지금을 비춰주고
아름다운 별들 사이로
그 속에 네가 함께하고 있구나

가만히 있어도 괜찮아

그래, 지금처럼만 빛나는 거야

낭만과 빛이란

그 어둠을 기억할까

한없이 깊은 잠에 빠져

잠시 낭만을 잃고
빛을 잃고
사람을 잃다 보면,
그래서 마침내 하루가 사라질 수 있다면

이 현실을 잃는 대신에
내가 원하는 세상에 이를 수 있을 거라며

길고 긴 꿈을 꾸었던
그 밤을 기억할까

밝아오는 햇빛 아래의 노을을 멀리하는 대신
아직 새벽을 벗어나지 못한 어둠으로 밀려오는

이 파도의 물결도
그 밤을 잊지 못해서 나와 함께하려 하는 것일까

사람들이 말하는 그 아름다움이라는 표현에 걸맞은

그런 여러 색깔의 향연만이
낭만이 아니라는 것을 알아서

무조건적인 빛과 어둠은
결국 존재하지 않는다는 것을 알아서

그래서 더더욱
이 어둠을 기억하고 소중해하면서도
낭만과 빛이 함께할 거란 기적을 믿는 것이 아닐까

곁에 있는 어둠을 두고, 하늘에 비친 노을을 놓을 때

햇빛이 바다에 겸허히 그 몸을 비추어
낮과 밤 사이의 노을처럼 떠오를 때

우리는 그 기적 같은 광경에 감탄하면서도

그저 눈이 부셔서,
그 찬란한 순간을 눈앞에 두고도
눈을 감을 수밖에 없는 모순을 겪는다

그렇다

매 순간
아름다움이 몰려오는 날에는
항상 어둠이 존재하기 마련인데

우리는 어둠 속 반짝이는
저 작은 별들을 보며 감탄할 뿐

주변에 펼쳐진 어둠을 보며
박수를 보내지는 않는다

이 하늘이 나에게 거울이 되지 못해서
그래서 내가 저 하늘을 보지 못한 걸까

하루의 밝음과 어둠 사이를 가르는
저 노을에 몸을 비추는 그 순간에

눈을 감는 대신
눈을 뜨는 용기를 통해

그렇게 나만이 서 있는 이 세상이
떠오르는 시작을 볼 수만 있다면

기꺼이 저 아래에서 밝아오는
붉은 노을을 비추는 바다가 되어

서로를 보지 못하는 우리가
저 노을로 이어지기를 바라는 마음으로

언제든 이 파도에 몸을 던져
저 밝음을 향해 헤엄쳐 나갔을 텐데

가을이 오면

봄날에 느꼈던 개화의 설렘도
여름에 마주한 파도의 시선도
겨울에 맞이할 따뜻한 감정도

모두 다 잠시 내려놓고

그저 바람에 날려 떨어진
낙엽 한 장

가을밤 하루 정도의
쓸쓸함과 외로움만 가지고
사무치게 흩날려야겠다

휘파람

부르면 부를수록
더욱 아련해지는 소리

부르면 부를수록
들리지 않을 정도로
더욱 희미해지는 소리

너에게서 더 멀어지는 소리

그게 내 바람이었지

고요한 정적을 채우러 휘파람을 불고
어색한 침묵의 소용돌이 속에서
애써 몸부림치는 소리

그러나 결국엔
더욱 희미해지는 소리

그게 내 바람이었지

나의 바람아, 지금 나에게

바람아, 너는 어떤 마음으로 흔들리고 있니
너도 분명 흔들리지 않을 거라 다짐하고
그렇게 무게를 두었을 텐데 말이야

바람아,
그럼에도 너는 어떤 마음으로 무너지지 않고 있니
너도 분명 흔들림과 동시에 무너질 수 있을 거라

스스로를 의심하고
많은 것을 두려워했을 텐데 말이야

무너지는 것이 더 익숙한 이 세상에서
너는 어떤 힘으로 버텨낸 거니

나의 바람아,
내가 어릴 적 꾸었던 수많은 미래들
그리고 내가 품고자 했던 그 마음들

내가 흔들리고 무너지더라도
너만큼은 그 자리 그대로 머물러서

내가 흔들리더라도
너와 함께 흔들리고

무너지더라도
너와 함께 버티며 일어날 수 있도록

그럴 수 있도록

지금, 주저앉은 나에게 손을 내밀어 주길 바라

겨울의 눈처럼

널 닮은 눈이 나를 향해 내려오길래
나는 그 내리는 눈을 잡아보려 했지만

손에 닿기도 전에
녹아버리고 마는

너를 닮은 눈

내 마음이 너보다 먼저 도착하는 바람에
그래서 마음의 문제라며 나를 떠난 것일까

그래서 내게 눈으로 내려와
이 계절을 차디찬 겨울로 만들고 떠난 것일까

내일은 그 눈에
너를 닮은 그 눈에
자꾸 녹아서 닳고 닳아버린 그 눈물에

함부로 먼저 다가가지 않을 테니

다음 계절에는

한 송이 눈처럼 피어나고
한 줄기 눈으로 내려오며
한 잎의 눈처럼 남겨지고
한 줌의 눈으로 사랑할게

냉이꽃 한 송이

약속합니다
당신께 나의 모든 것을 드립니다
당신이 스쳐 간 모든 곳에 잠시 머물다 가겠습니다

많이 보고 싶던 그때의 내가
한 송이 심어두고 피어난 당신을 보며

나의 한없이 큰 사랑을
덜고 덜어서
괜찮을 정도의 마음만 주고

사무치는 이 기다림을
돌고 돌아서
당신을 덜 사랑하겠습니다

제가 감히
당신께 나의 모든 것을 드렸습니다
당신이 스쳐 간 모든 곳에 잠시 머물다 갔습니다

피어나기 위해 힘을 내었던
꽃 한 송이의 노력만큼만

당신을 기다리며 사랑하고

그러다가 자연스레 지는 자연의 섭리처럼
그 정도만큼만 덜 사랑하겠습니다

저는 오늘도 냉이꽃 한 송이 들고
한 걸음 물러나 있을 테니

당신이 다시 피어날 봄을 기다리겠습니다

온 세상을 너와 함께

보고 싶다는 말을 하고 싶을 때
이 세상 모든 행복이 너에게 향하기를 바라고

너의 미소가 나의 마음을 훔쳤듯이
나 또한 너를 볼 때마다 천국을 훔쳐보는 기분이고

너를 생각할 때면 시간이 아깝지가 않는

너는 내게 그런 사람이야

내 인생에 반전이 없기를 바라면서도
시간의 파도에 휩쓸려 내 진심이 무뎌질까 봐
애써 멈추지 않는 물결을 따라 달려가는 것도

너를 향한 내 마음을 들키고 싶으면서도
더 예쁜 사진은 나만 보고 싶은 이 욕심도

예상대로 너를 사랑하고 있기 때문이야

이렇게 너를 사랑할 수밖에 없어서

너를 위해 오늘도
끝맺음이 없는 예쁜 꽃들을
거리에 가득 심어놓고

그렇게
이 하늘 아래 온 세상을
너와 함께 걷고 싶을 정도로

너는 내가 행복해야 할 이유야

4부
잠깐 불러준 노래 한 소절에

상처받기 싫어서
사람이 싫어져서

세상이 다가오기 전에
먼저 이 세상과 멀어지려 했던,

그때의 나를 닮은
지금 당신을 위하여

너의 노래가

헤어짐의 슬픔 뒤로
사무치는 외로움과 그리움
그리고 아직 아물지 않은 상처까지

사람과 사랑에 대한 의구심과
그 사랑을 탐구하는 시간이 길어질수록

점점 무뎌져 가는 설렘에
아무 힘도 남아있지 않게 된

사랑에 너무 많은 상처를 받아서
사랑이라는 단어가 어색해지고
때로는 역겨움까지 느끼게 된

그런 나에게

사랑에 대해 다시 생각해보게 해주고
그 마음을 잠시 진정시키고
그렇게 다시 용기를 준 사랑의 메시지

눈을 뜨면

어떤 순간에 또 순간을 담아
애써 눈을 감고 멀어지려 해도

그럴 수 없다는 현실에 세상은
또다시 눈물을 핑계 삼아
희미한 불빛으로 다시 나타나는구나

어느 거리를 걷더라도
항상 흘러나오던 노래와 시선에게

가끔 인생을 겉돌아도
누군가의 가려진 미소만은 기댈 수 있기를

그리움을 품고 고여버린 사랑도
무언가를 위해 꼬여버린 사람도

누구에게, 나에게

가끔씩 울어도 돼

눈물로 인해 깊은 잠에 빠지지 않을 정도로만
내가 너에게 다가갈 수 있을 정도로만

딱 그 정도로만 아픈 상처이기를

그렇게 버티다 보면 또 살아지더라

그 아픈 상처도 어느새 사라지더라

그 노래

너와 함께 너무 많은 노래를 들었나 봐
모든 노래 가사의 너가 너로 기억되고
거리에서 흘러나오는 노래에 또 걸음을 멈추게 되잖아

괜히 너가 듣는 노래를 들으면
나도 저 멜로디를 빌려
나의 마음을 불러줄 수 있지 않을까

쓸쓸한 가락과 어색한 침묵,
그 사이 어디선가 흐느끼고 있을
나의 감정은 어떠한 운율에 맞추어 흘러가고 있을까

노래해 줘서 고마워

너의 목소리는
추억의 길이 되어
다시 나를 그때 그곳으로 안내해주는구나

그날 그 시간이
행복하지 않은
꽤나 아픈 나날이더라도

너의 가사와 멜로디를 따라 흘러온 곳이니
운율에 맞추어 그때의 나를 위로해볼게

잠깐 불러준 노래 한 소절에

잠깐 불러준 노래 한 소절에
영원을 믿고

잠시 들려온 너의 말 한마디에
천국을 믿는다

이 세상을
살아가는 방법을 몰라서
들리는 대로 받아들였던 가사와 멜로디는

지금 내 세상이 되었고

그 사람을
사랑하는 방법을 몰라서
슬픔이 묻어있는 그대로 불렀던 익숙한 문장들은

어느새 누군가와 함께 듣는 꿈결 같은 노래가 되었다

빗소리만 듣고 가자
이 노래만 듣고 자야지

나를 위한 노래를
너를 위해 부를 때

오늘 같은 날이 오면
이 노래를 먼저 듣고 싶을 때

잠깐 불러준 노래 한 소절에
세상을 알고 사랑을 얻는

그 기적을 믿어본다

점점 느리게

닮고 싶어서
삶의 지침서로 받아들였던
노래 가사의 문장들이
어느 순간 이해가 되지 않게 되었다

자장가로 들렸던 노랫말이
내가 살아가고 사랑하고자 했던
이 세상의 모습과 너무나 달라서

어느 순간 갑자기
잠에 들 자신이 없어지고
더 외롭게 밤을 지새우고 있었다

모두를 이해하고 품어줄 수 있는
그런 예쁘고 소중한 마음으로 살아가고 싶었는데
그런 따뜻한 마음만 가지고서 사랑하고 싶었는데

노래 가사를 따라 걸어온 곳에는
상처받은 나의 뒷모습만 초라하게 그늘져 있을 뿐
아무도 나를 기다리지 않는 것 같았다

아직 내가 노래 가사의 멜로디와 문장을
제대로 이해하지 못한 탓일까

아니면
아직 사람들이 그러지 못한 탓일까

분명한 건
아직도 아물지 못한
헤어짐의 슬픔과
여러 관계들의 향연 속에서

내가 다짐하고 또 기도했던
나의 이 소중한 가사와 문장들이
잠시 쉬어갈 때가 되었나 보다

어른들에게

우리에게는, 지나간 어린 상처는 용서하라면서
왜 그때 상처를 준 자들에게는 아무런 말도 하지 않는가

아무리 어린 시절 철없는 장난이라 할지라도
상처는 상처로 남는 법이다

어른들은 자신들의 어린 시절을
지나간 시간 속에 던져 버린 건지

우리에게 공감을 해주지 못한다

그러한 어른들이 남아있기에
지금 우리가 여전히 아이로 남아있는 것이 아닌가

술 기울인 밤

우리 손 위엔
이제 펜 대신 잔이, 잔 속엔 술이,
술 위엔 웃음이 가득하기를, 추억이 함께하기를

우리가 잔을 부딪히면
그 사이에서 흘러나온 술의 깊이만큼
내가 보지 못했던 추억 하나가 나와 스며들 수 있겠지

술 기울인 밤,
좋지도 나쁘지도 않았던 지난날들과
젖지도 마르지도 않을 우리의 술잔을 채워가며

부디 추억으로, 기억으로 물든 밤이 되기를

취하기 전에, 눈 딱 감고

취하기 전에
그대의 눈빛에 고이 담아 둔
작은 술잔을 기울여
가벼운 맞춤을 해보고 싶습니다

그저 어느 밤
아무 날도 아닌 언젠가

우리가 한잔하게 된다면

나는 취하기 전에
그대에게 한 마디 전하고 싶습니다

당신을 좋아합니다

이 한 마디로 내 마음을 표현하기에는
술잔이 흘러넘칠까 봐 그러지 못하지만

그저 아무런 이유 없이
당신 미소 하나에

내 마음이 취해 버렸습니다

그림자

나는 아직 작은 꼬마 아이인데
왜 내 그림자는 남들보다 길어보일까

그 누구도 품을 수 없게 희미해진 나의 뒷모습은
그 누구에게도 안길 수 없을 만큼 깊게 빠져있네

아무리 길게 뻗어봤자 닿을 수 없는 꿈인데
내 그림자는 어떤 미련이 남았길래
그리도 애써 힘을 내어 희미하게 다가가는가

회상

떠오르는 새벽별
보석 박힌 바닷길
상쾌하게 열린 하늘길
낙엽 따라 지나오는 계절들

그리고 이 아름다움을 뒤로하고
나의 애매하고 철없는 기도로 인해
툭 치면 쓰러질 듯이 비틀거리는 자연들까지

아름다운 사람은
머물고 떠난 자리도 아름답다고 하더라

그런데 나는 아름답지도 않은데
왜 내가 머물렀던 자리에 미련이 남는 걸까

그동안의 기억이 후회와 미련으로 가득 찬 것인지

아니면 내가 그 기억에서의
짧은 미소조차 떠올리지 못하는 것인지

일상은 그저 보름달 위에 머무는 구름처럼
평범하게 살다가도 아름다운 순간들이 찾아오기에

나는 그림자에 숨어 있다가
낮이 되어야 고개를 드는
그저 억지스러운 해바라기라서

내가 떠나간 자리가
미처 보지 못했던 나의 길이
너무나도 아름다워서

그래서
참으로 어리석은 눈물을 흘리나 보다

밤에 잠이 안 올 때

희미해져 가는 가로등 불빛 아래서
힘이 없어지는 차가운 공기를 마시며

오늘 하루는 어땠는지
너무 힘겹게 달린 것은 아닌지하며
아까운 두 눈을 감아보려 해

오늘 아침에는
하늘의 구름과 걸음을 함께했는데

왜 지금은 똑같은 길 위에서
고개를 떨구고 있을까

왠지 모르게 오늘은 어둠이 길어서
시와 노래에 이 어둠을 담아보려 해

밤에 잠이 안 올 때
아침을 기억해
그리 좋지도 않지만
이 어둠도 기억해

그러면 보고 싶은 사람들이 나를 안아주겠지

나도 그들에게 말해야지
오늘도 많이 사랑했다고

어제보다 힘내지 못해 미안하지만
오늘 밤은 하루의 걸음을 돌아보며 다시 움직일게
그렇게 사랑하는 그대들을 기억할게

밤에 잠이 안 올 때
괜히 훌쩍거리고
움츠리고 뒤척이는 사람들에게

괜찮아, 오늘도 많이 사랑했잖아
그 사랑을 위해서 이렇게 살아왔잖아

그러니 내일도 열심히 걷다 보면
언젠가 이 어둠도 끝이 나겠지

정말 잘 견뎠고, 잘 버텼고

실없는 것들에
자연스레 웃음이 나오고

아무 생각하지 않아도
정말 아무렇지 않게 괜찮아지며

세상과 사람들의 소리에
물론 가끔은 지칠 때도 있지만
그럼에도 함부로 흔들리지도, 무너지지도 않고

나 자신에 대한 믿음과
그 과정을 잘 지켜준 마음에 감사하며

다시 누군가를 사랑할 용기를 얻게 된 지금이

그때의 나를, 그날의 너를
위로해 줄 때인가 보다

졸업

모든 것이 원하는 방향으로 흘러가진 않았어도

우연히 맞이한 많은 것들에 감사함을 느꼈던 날들

이제는 수없이 써 내려간 문장들에

마침표를 찍어야 할 때.

파도가 손 닿는 곳에 다시 계절을 그리고

초판 1쇄 인쇄	2025년 6월 4일
초판 1쇄 발행	2025년 6월 16일

지은이	전윤재
펴낸이	이장우
책임편집	송세아
디자인	theambitious factory
편집 제작	안소라 김소은
관리	김한다 한주연
인쇄	KUMBI PNP
펴낸곳	도서출판 꿈공장플러스
출판등록	제 406-2017-000160호
주소	서울시 성북구 보국문로 16가길 43-20 꿈공장 1층
이메일	ceo@dreambooks.kr
홈페이지	www.dreambooks.kr
인스타그램	@dreambooks.ceo
전화번호	02-6012-2734
팩스	031-624-4527

* 저자 고유의 '글맛'을 위해 맞춤법 및 표현 등은 저자의 스타일을 따릅니다.

이 도서의 판권은 저자와 꿈공장플러스에 있습니다.
이 책은 저작권법에 의해 보호받는 저작물이므로 무단전재와 무단복제를 금합니다.

ISBN	979-11-92134-99-4
정가	13,500원